世界120ヵ国に広がっています。

世界エスペラント協会
中央事務所（オランダ）

「エスペラントの町」を名乗るヘルツベルク市にある複合研究施設
ヘルツベルク文化交流センター（ドイツ）

日本エスペラント協会の研修センター
八ヶ岳エスペラント館（日本）

中国、棗庄（そうそう）大学付属のエスペラント博物館
国際エスペラント博物館（中国）

東アジア（日・中・韓・ベトナム他）の青年たちが集う
東アジア青年エスペラントセミナー
☆ 印の国（中国、韓国、日本、ベトナム）で毎年開催

エスペランティストなら
2週間無料で泊まれる宿泊施設
シドニー・エスペラントの家
（オーストラリア）

ことばの違いや民族間の対立を乗り越えて、世界中の人々が自由・平等に、そして平和にコミュニケーションできたら！── 1887年、ザメンホフという1人の青年が、こんな素朴な希望を込めた国際語の案を発表しました。共鳴者たちが彼の国際語案を実用する試みを始め、やがて実際の生きたことばにまで成長を遂げたのがエスペラントです。エスペランティストと呼ばれるこのことばの使用者は、現在120か国におよそ100万人いるといわれます。しかし、エスペラントの世界は、本当は地図の上には示すことができません。代わりにこの冊子がそのユニークな世界への案内です。ページをめくってみませんか？

12人のエスペラント体験

「国際語といえば英語」が日本では「常識」かもしれませんが、そんな中、エスペラントということばに出会い、それを使ってユニークな国際交流を楽しんだり、国際協力の分野で活躍している人たちがいます。それぞれの体験を通して感じるエスペラントということばの魅力について、12人の方に語ってもらいました。

日常と非日常が入れ替わる旅

外国を旅行する時、観光だけでなく、
その国の人たちと身近につきあってみたいと思いませんか。
できれば現地の人の家にも泊まったり…。
エスペラントはそんな夢も簡単にかなえてくれます。
非日常の旅に出て、別の土地の日常に招いてもらう。
それがエスペラントを使った旅の魅力です。
「パスポルタ・セルボ」という、エスペランティストたちが運営する国際ホームステイ制度もあり、
これには世界約90か国1300軒余りの家庭がホストとして登録しています。

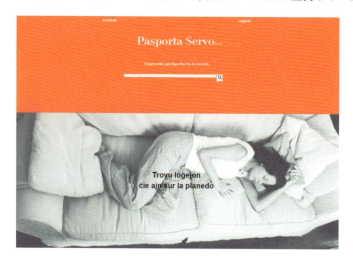

学習9か月で国際イベントにデビュー
八乙女茉由（大学生）

　大学受験が終わったすぐあとの3月にエスペラントを勉強し始めました。学生たちのグループで勉強を続け、その年の年末、韓国で開かれた東アジア青年エスペラント合宿に参加。7か国から集まった同世代の若者たちと寝食を共にし、議論し、交流プログラムを楽しんだ3泊4日は、ことばでは言い表わせないほどの感動の連続でした。合宿の前後には現地のエスペランティストの家庭に泊めてもらう体験も。勉強を始めてわずか9か月目で、自分がまさかここまでエスペラントを使えるようになるとは夢にも思いませんでした。

筆者は右から二人目

わが家に世界から400人のお客さん
田平正子（主婦）

　パスポルタ・セルボのホストとして登録している家庭はおよそ90か国に1300軒余り。京都市内にあるわが家もその1つです。大正時代に建った古い長屋の中の借家ですが、さすがに京都には外国からの旅行者が多く、40年間に400人がわが家に泊まりました。最長6か月。7人のお客が同時に来て、夫婦の部屋も娘の部屋も開放して雑魚寝となったことも。知人とはかぎらない外国人を「泊めて大丈夫なの？」と心配されることもあります。が、未知の人と知り合えるからこそおもしろい、とわたしは思っています。

　ろくなおもてなしができないこともありますが、ただの無料宿泊所とは違います。わたし自身おしゃべりが好きだからお客さんを歓迎する、と言えるかもしれません。一睡もせずしゃべり合った楽しい客もいました。夜型で朝弱いわたしのために、そっと置き手紙をして出かけるお客も時々います。いつでも出入りできるよう鍵を預けます。視覚障害者のお客の時はいい経験になりました。トイレに行くにはどうするか、見えないものを感じてもらうにはどうするかなど、いろいろ考えました。

　地域や大学のエスペラントサークルにもお客さんのことを知らせ、楽しみを独り占めしないようにしています。お客さんに講演してほしいと頼まれたら、わたしもお供して、必要なら日本語に通訳もします。姉妹都市（京都は9つもある！）からのお客さんを市の国際交流課に連れて行き、姉妹都市どうしのおみやげ交換も仲介します。

　近年は菜食主義者も増え、宗教によっても食事が違いますが、わが家は何でもOKです。手土産に気を遣う人もいますが、世界中の人々との情報交換こそわたしへの最大の贈り物なのです。

筆者は前列右

世界に広がることばのきずな

エスペラントを使って世界に向けて発信し、
人と人とを結ぶ貴重な役割を果たしている人たちがいます。

エスペラントとペンで世界を変える
堀 泰雄（エスペラント作家）

最初はことばの練習のつもりでエスペラントでエッセーを書き始め、海外の友人に送っていました。そのうち、「おもしろいから出版したら」とフランスの友人に勧められ、1997年に初めて *Raportoj el Japanio*（日本からの報告）という本を出しました。それから毎年出版を続け、2015年で18冊目になりました。

2011年の東日本大震災のあとはテーマを震災に絞りました。エスペラントの実力を本当に実感したのはそれからのことです。震災で起きたことをエッセーに書くたびに世界中の友人700人に送ります。これを続ける中でいちばん印象に残ったのは、次の2つのエピソードです。

1つは、フランスのマルセイユの小学校から送られた、手にはめて遊ぶ紙で作った蝶の話です。その蝶を、震災で大きな津波被害にあった釜石市唐丹の子どもたちに送りました。子どもたちはそれを手にはめて体育館で踊りました。その写真を見たマルセイユの子どもは目を丸くしたそうです。エスペラントによるすてきな国際交流です。

もう1つは、わたしがエスペラントに翻訳して紹介した福島第一原発の吉田所長の調書がもとになって、2015年5月中旬の3日間、パリで演劇が上演されたことです。わたしが訳した「吉田調書」は、フランスのエスペランティストによってさらにフランス語に翻訳され、フランス国内で注目を浴びたのです。「エスペラントは世界を変えられる！」と実感した瞬間でした。

アフリカでエスペラントがつなげた夢
高橋万祐子（高校音楽教師）

小さいころからアフリカに興味があり、「一度行ってみたい！ そして日本文化を紹介したい」という夢をずっと抱いていました。わたしはエスペラントの旅にはいつも三味線を担いで出かけます。そうして、リトアニアやポーランド、インドなどの国々で日本文化の一端を紹介してきました。

ある時、国際エスペランティスト教育者連盟の大会がアフリカのベナン共和国で開催されることを知りました。ベナンといえば、日本でタレントとしても活躍しているゾマホンさんの母国で、彼が学校建設などの支援を

していることを聞いていました。「今回はぜひゾマホンさんの学校を訪れて何かできれば」と、ひそかな期待を抱いて即参加を決めました。

　首都ポルトノボで開かれた大会では、アフリカだけでなくアジアやヨーロッパの国々からも集まった人々とエスペラントで交流し、充実した時間を過ごしました。そして、そこでまったく偶然にもゾマホンさんの従兄弟と出会ったのです！ そこから話がトントン拍子に進み、わたしはなんとゾマホンさんの建てた学校の創立記念の式典に参加して欲しいと、これまた偶然帰国されていたゾマホンさんご本人から直接電話で頼まれたのです。その翌日、いくつもバスを乗り継ぐ大冒険でなんとか学校にたどり着きました。そして、大歓迎を受け、盆踊りを教えたり、三味線を演奏したり、式典を生徒たちみんなといっしょに盛り上げることができました。

英語では見えない世界が見えてくる

海外駐在や旅行、国際的な研究者たちの集まりでも、
エスペラントが話せると思わぬ出会いや、
英語では味わえないワクワクするような体験に遭遇することがあります。

海外駐在で知ったエスペラントの真価
川端祐人（通信会社研究員）

　エスペラントを始めてまだ1年に満たない2015年7月、仕事で1年間ロンドンに駐在することが決まりました。ただ、着任時はまだ夏休みシーズン。さっそく休暇を申請し、フランスで開かれた世界エスペラント大会やドイツであった世界青年エスペラント大会をはじめ、ヨーロッパ各地のエスペラントのイベントに参加しました。夏休みシーズンのヨーロッパでは、あちこちで毎週のようにエスペラントのイベントが開かれます。日本を国内旅行するくらいの気安さでいろんな国に行けるせいか、こちらのエスペランティストたちは複数のエスペラントのイベントをハシゴすることが多いようで

す。その際、エスペランティストどうしが声を掛け合っていっしょに移動することも多いのです。すると、道中もずっとエスペラントを使うことになりますが、もちろん、車掌さんや店員さんたちとのやりとりは、移動するにつれて、例えばフランス語、ドイツ語、ハンガリー語などと変化していきます。ヨーロッパのエスペランティストには3〜4か国語話せる人も珍しくなく、そのことばのネイティブもいたりしますから、エスペランティストたちといっしょであれば、非常に効率的に言語の壁をまたぐ移動が可能です。

　ただ、エスペラントのおもしろさはこうした効率性だけではありません。エスペラントを共通語としてグループで旅をする場合と、英語を共通語としてやはりグループで旅をする場合とでは、実感として明らかに違うところがあるのです。ことばで伝えるのはなかなか難しいのですが、それは、だれの母語でもないエスペラントを共通言語として使うことが、人それぞれの母語を尊重することにも実は通じているからではないかと思います。エスペラントを話す人々がそうでない人々と交わす言語境界線上のやりとりが非常に心地よく感じられるのです。これはエスペラントを話す人々の特別な魅力だと思います。

出会うはずもなかった人々との出会い
白川友磨（大学院生）

フランスでの世界エスペラント大会に参加し、世界中の研究者が集う「科学談話会」という場で自分の専門の生物学について講演する機会がありました。聴衆は、同じ研究者とはいえ出身も関心もさまざまな、エスペラントをやっていないと出会うはずもなかった人々です。彼らとの交流を通じて数え切れない発見がありました。エスペランティストは1つの町にそう何人もいるものではありませんが、世界中のあらゆる地域に点在しています。このことを生かせば、エスペラントならではの一風変わった国際交流を楽しむことができます。

船の旅でもエスペラント
庄山美喜子（図書館司書）

日韓のNGO・NPOが共催する船旅ピース＆グリーンボートに参加し、乗船3日目に自主講座を開催しました。題して「エスペラント語って知ってる？」。何人の人が来るだろう？ ドキドキでした。ところが、いすが足りないほどの大盛況。友人たちの助けで歌や紙芝居も取り入れて説明し、質疑応答まであっという間の50分。その後、参加者の要望で第2回も開催。寄港地交流ではプサン、ウラジオストク、長崎で計24名の現地のエスペランティストとの出会いがありました。

船で学び、寄港地で使う

鈴木ますみさんは交通事故で2005年から車いす生活を送ることになりましたが、リハビリで旅行ができるまでに。2009年と2012年にはピースボートによる3か月に及ぶ世界一周の旅に参加しました。船上では計58回に及ぶエスペラント講座を開催。ニューヨーク等の寄港地では現地のエスペランティストたちに船を訪問してもらい、交流の機会も作りました。学んだことばを実際に使える感動を体験してもらい、受講した旅仲間たちに大好評だったそうです。

エスペラントで民間国際協力・平和活動
難民キャンプの支援や広島と世界との平和メッセージ交換などにも
エスペラントが橋渡しのことばとして使われています。

マラウイの難民キャンプ支援
相原美紗子（画家）

アフリカ南東部のマラウイ共和国に、さまざまな理由から近隣諸国を逃れてきた約2万人の人々が暮らすザレカ難民キャンプがあります。そこに暮らすコンゴ出身のエスペランティストたちが日干しれんがで学

校を建設した際、葉っぱでふいた屋根では雨漏りがひどくて建物も壊れそうだと助けを求めてきました。2014年、日本のエスペランティストに呼びかけてブリキの屋根や窓、扉、机を買う資金のほか、エスペラントの図書なども寄付しました。

　しかし、翌2015年1月、マラウイを大洪水が襲い、学校は半壊してしまいました。その修理のため、今度はヨーロッパのエスペランティストたちも支援の手を差し伸べました。わたしたち日本のエスペランティストは、ブリキ屋根を保護するテントシートの購入資金をさらに支援しました。ささやかながら、エスペラントで顔の見える国際協力の一端を担っています。

広島から平和を発信
忍岡妙子（広島市元小学校教師）

　3月8日の国際女性デー。毎年この日は、広島から世界のエスペランティストに向けて、インターネットで平和のメッセージを発信します。2016年はこれに52か国から163通の返信を受け取り、それを翻訳して公共施設や関連の集会等で展示しました。

　核兵器廃絶アピール署名を携えて海外に行ったことも。ニューヨークやトロントでエスペランティストと交流、トロントでは中学生440人を相手に講話もしました。

　平和公園にあるモニュメントや事物に関する2冊の本をエスペラントに共訳し出版、海外に送りました。広島を訪れる外国人エスペランティストに平和資料館と平和公園のガイドも続けています。

> ### エスペラントで不可能を可能に
> 視覚障害者たちが築くエスペラントの国際的ネットワークは歴史が長く、
> 障害も国境も超えた交流が盛んに行なわれています。

世界の盲人エスペランティストたちとつながる
片岡 忠（高知エスペラント会会長）

　エスペラントが生まれてわずか十数年後の1904年、世界の盲人エスペランティストたちをつなぐ点字雑誌が創刊され、現在も発行が続いています。1920年代には世界盲人エスペラント協会や日本盲人エスペラント協会が結成されました。エスペラントは世界の視覚障害者たちと古い縁で結ばれています。

　わたし自身、世界中にたくさんの友人ができたのはエスペラントのおかげです。2005年、リトアニアで開かれた世界エスペラント大会に参加、続いてやはり同地で開かれた国際盲人エスペランティスト大会にも参加したのですが、長年文通していたロシアのアナトリーにその時初めて直接会うことができました。会った瞬間、彼に強く抱きしめられた感動は今も忘れられません。

> 妻と
> エスペラントで
> 秘密の会話

日本点字図書館館長の田中徹二さんは日本盲人エスペラント協会の会長なども務めるエスペランティスト。2015年に出版した著書『不可能を可能に — 点字の世界を駆け抜ける』(岩波新書)の中にはエスペラントをめぐるこんなユーモラスな裏話も。

——「スウェーデンで開かれた世界エスペラント大会と国際盲人エスペラント会議に参加したことがあります。来日したエスペランティストを家に泊めたり、イタリアの盲人エスペランティストの家で1週間ほど過ごしたりもしています。妻も若い時にエスペラントに触れてまた学び始めました。便利なのは周りの人に聞かれたくないような時にエスペラント語で話をすることです。例えばレストランでワインの値段を聞くとき『Kiom da kosto?(いくら?)』と言えば『Ses mil(6000)』と答えてくれます。『それならもう少し安いのにするか』ということになります。そんな活用もしています」。

エスペラントで海外に暮らす

日本を訪れる外国人エスペランティスト旅行者は珍しくありませんが、仕事や留学などで日本に暮らすエスペランティストも少なくありません。また、エスペラントを職業として海外で暮らす日本人もいます。

エスペラントが生計の手段に
臼井裕之(『中国報道』編集者)

2011年3月11日のあと海外脱出を考えていた時、『中国報道』編集部が外国人の編集者を募集していると聞いた。応募したら、まさかの採用通知。『中国報道』は1950年に創刊されたエスペラントの雑誌で、2001年にはネット版に移行した(エスペラントのタイトルは *El Popola Ĉinio*)。中国政府の対外宣伝機関の一部で、13名がエスペラント関係で勤務している。

中学生の時から30年以上エスペラントをやってきたけれど、エスペラントが生計の手段になる日がくるとは思わなかった。エスペラントを教えるのも仕事の一部。ちょっと不思議な感覚だ。

異郷でもたくさんの友人に恵まれた
グエン・ドゥク・ジョン(ベトナム出身、神奈川県在住)

高校時代にエスペラントのことを知り、ホーチミン・エスペラント協会主催の無料講座を受講しました。現在は東京のソフトウェア会社で働いています。エスペラントのおかげで仕事関係以外の多くの友人に出会うことができ、日本にやってきた1年目から本当に充実した生活を送っています。ちょっとした興味から学び始めたエスペラントが、こんなふうに自分の世界を広げてくれるとはまったく予想していませんでした。

「田舎なのに都会」なエスペラント

木村護郎クリストフ
（上智大学教授）

言語には、大きく分けて「都会型」と「田舎型」があります。英語は都会型言語の代表です。都会人のようにいろいろな背景をもった人が話し手の中にいるからです。私たちがふつう学ぶ外国語もたいていそうです。都会型の言語は、話せる相手がたくさんいるのですが、話している人どうしの関係はふつうそれほど密接ではありません。

ところが、数千にも上る世界の言語の大多数は、実は「田舎型」なのです。話し手どうしが顔見知りだったり、共通の知り合いがいたり、知り合いでなくても同じ言語を話すというだけで、話しかけるのに遠慮はいりません。同じ少数言語を話す人は互いに強い親近感を感じ、ことばが通じるというだけで関係がぐっと近くなるのです。

では、エスペラントは？話す人が少ないから田舎型、と思われるかもしれません。確かに、エスペラントを話す人たちの世界はある面とても田舎的です。エスペラントが通じるとわかれば、知らない人にもどんどん話しかけて大丈夫だし、みな同じ村人どうしのように平たくつながっています。そして、親しむほどに共通の知り合いが増え、ネットワークが芋づる式にふくらみます。でも、それは話す人が少ないからというより、同じことばを話す仲間としてつながりたい、というエスペラントの文化の表れなのです。

世界の言語の中でエスペラントは実は大きい方です。英語と比べて、「エスペラントは失敗した」という人がいますが、話し手ゼロから出発して生きた言語になり、世界中で使われるまでになったのですから、言語として実は目がくらむほどの大成功なのです。とりわけネットの世界では、ウィキペディアの記事数やフェイスブックの使用者数などでエスペラントは世界の多くの「国語」よりかなり上位にあります。グーグル翻訳の対象言語にもかなり早く加わっています。

そして、エスペラントはものすごく都会的でもあるのです。似たような人が集まっている田舎とちがい、エスペラントを学ぶ人はものすごく多様です。仕事も趣味も世界観も文化も異なる人々がそれこそ密集しているのです。英語のもとでの言語的不平等をなくしたいと願う理想主義者がいる一方、単に、英語にないエスペラントならではの心地よさを求める現実主義者もいます。

こうしてエスペラントは、とても田舎的であると同時にとても都会的な、世界の中でもきわめてユニークな言語なのです。ふつう、田舎型言語では多彩な異文化との出会いはあまり期待できません。他方、都会型でも、全体として多様な人々がいても、結局は仕事や趣味の近い人どうしでつき合うことが多くなりがちです。それに対してエスペラントでは、都会のように多様な人たちが田舎のように親しくなれる。都会性と田舎性をあわせ持つエスペラントほど異文化交流に適した言語はない、と言っても言い過ぎではないのです。

こんなところにエスペラント！

JR釜石線の全駅にエスペラント愛称名

岩手県の花巻から民話のふるさと遠野を経て釜石に至るJR釜石線の前身、岩手軽便鉄道は、花巻出身でエスペラントとも縁の深い宮沢賢治（p.17参照）の「銀河鉄道の夜」のモデルといわれます。これにちなんで、1994年、JR東日本は釜石線の全駅にエスペラントの愛称名を付け、各駅の愛称名板と駅名表示板にこれを表示しています。

© エスペラント釜石線応援団

チャップリンの映画にも

1940年公開のチャップリン脚本・監督・主演の映画『独裁者』はヒトラーの独裁政治を痛烈に皮肉る内容。ここに登場する街の看板はエスペラントで書かれています。当時、ヒトラーはエスペラントに激しい弾圧を加えていました。

The Great Dictator © Roy Export SAS. Scan Courtesy Cineteca di Bologna
看板の "Vestajoj Malnovaj" は「古着」の意味。本当は "Vestajoj..." であるべきですが…。

坂本龍一のアルバム『エスペラント』

世界の坂本龍一が1985年に手がけた前衛的ダンスパフォーマンスのための音楽アルバムは、タイトルがずばり『エスペラント』。2015年にはデジタルリマスター盤CDが発売されています。

『ダーリンの頭ン中2』

小栗左多里さんのマンガ『ダーリンは外国人』に登場する「語学オタク」の「ダーリン」がエスペラントの魅力と効用を力説しています。

© Oguri Saori&Tony László/KADOKAWA MF

通訳のいらない国際会議

年間を通して大小さまざまな催しが世界各地で行われ、
エスペランティストどうしの出会いの場となっています。
そこでは通りいっぺんのあいさつや社交辞令をはるかに超えた、
深い人格的な語らいや熱い議論も時に繰り広げられます。
すべてエスペラントによって。

●世界エスペラント大会

　北半球では夏に当たる例年7月から8月にかけて、地球上のどこかの都市が1週間だけ「エスペラント国」の首都となります。ふだん世界中ばらばらに暮らしているエスペランティストたちが、エスペラント界最大の文化のお祭りに集まってくるからです。その数は通常1,000人から2,000人。記録では5,946人ということも。講演会、研究発表、コンサートや演劇、観光など、硬軟両様のさまざまなプログラムを通して参加者たちは交流を深めます。エスペラント界で最も権威のある文芸コンクール（p.26参照）もこの大会に際して行われます。

　1905年に始まった世界エスペラント大会は、2度にわたる世界大戦前後の数年を除いて毎年行われ、2015年にはついに第100回の歴史を重ねました。日本では東京オリンピックの翌年の1965年（東京）と2007年（横浜）の2回開かれています。

●世界青年エスペラント大会

　若者による若者のための最大かつ自由な雰囲気のイベントです。上の世界大会の前後に、開催地もそう遠くないところで、やはり1週間かけて行われます。遊びの要素も取り入れた大規模な国際合宿といえます。費用も安く、高校生から30代前半を中心に、30～40か国から毎年200人から400人ほどが集まります。

●アジアエスペラント大会

　日本、韓国、中国、ベトナム、インドなどの数か国を除くアジア地域では、戦後も長らく目立ったエスペラント活動が存在しませんでした。しかし、近年は台湾、インドネシア、スリランカ、フィリピン、タイなどでもエスペラント活動が活発になってきています。その勢いを背景に、1996年に上海で第1回のアジアエスペラント大会が行われ、以後は3年おきに、イランおよびイスラエルを含むアジア地域のいずれかの国で開催されています。参加者はアジア以外の国からも少なくありません。今後エスペラントの成長がいちばん期待できる地域として、今アジアが注目されています。

● 東アジア青年エスペラントセミナー
（旧日韓青年エスペラントセミナー）

「歴史教科書歪曲問題」で日本と韓国の間に感情の溝ができた1982年夏、両国の若いエスペランティストたちが初めて共同のエスペラントセミナーを開催しました。寝食を共にし、いっしょにスポーツに興じ、共通のことばで語り合い、議論し、笑い合う中で若者たちの間にきずなが生まれました。その後、中国とベトナムの若者たちも加わって国際色を増し、東アジアの毎年の伝統行事として定着しています。

エスペラントの組織

エスペラントの組織は、世界のさまざまなところにいろいろな分野で広がっています。専門・趣味の団体もたくさんあります。これらの組織を利用して、国際的な交流だけでなく調査研究など、いろいろな活動が可能です。

世界エスペラント協会（UEA） www.uea.org

世界最大のエスペラント組織。およそ70の国別エスペラント団体が加盟し、個人会員は世界約120か国に広がっています。本部はオランダのロッテルダム。ベナン共和国にアフリカ事務所、ニューヨークの国連プラザに分室を設けています。世界エスペラント大会のほか各種セミナーや専門家会議を主催、また、図書の発行等を通じてエスペラントの普及・発展を図り、あわせて国際的な言語問題を公正な解決へと導く努力をしています。

100を超える国々の主だった都市に約1,400人の地区代表者を擁し、「年鑑」（写真参照）でその所在を明らかにしています。彼らはエスペラント界におけるいわば「民間大使」として、さまざまな問い合わせに答えたり、地区への訪問者の手助けをしてくれたりします。

1954年、ユネスコは「エスペラントが国際的知的交流の分野で、世界の諸国民の友好に果たした成果に注目」し、「これらの成果がユネスコの目的と理想に一致することを認める」と総会で決議し、以後、世界エスペラント協会と協力関係を結んでいます。

一般財団法人日本エスペラント協会（JEI） www.jei.or.jp

日本を代表するエスペラントの全国組織。1919年に「日本エスペラント学会」として設立、2012年に現在の名称に。月刊誌『エスペラント』の発行、図書の出版・販売、エスペラントに関する研究・調査、講座や講演会の実施・後援、学習者支援等を通じてエスペラントの普及・発展に努めています。国内の他のエスペラント団体と協力し、毎年日本エスペラント大会を開催しています。

ほかにも世界各地でさまざまなイベントが催されます。例えば、

- **国際ヒマラヤの集い** ヒマラヤのふもとネパールのエスペランティストたちの案内で、10日間にわたって観光スポットを巡りながら、現地の生活を直に感じ、学びます。
- **北米夏季エスペラント講座** アメリカ合衆国やカナダの大学キャンパスを使った1～3週間のエスペラント集中講座。
- **夏季エスペラント合宿** スロバキアで開かれるエスペラント学習者たちの集い。インターネットのエスペラント学習サイトlernu!で学んだ人々のスクーリングの場ともなっている。
- **青年エスペラント週間** ポーランドとドイツの青年エスペラント組織が共催する1週間にわたる越年合宿。開催地は中欧のどこか。

ほかにもたくさんのエスペラント関連組織があります。そのいくつかを紹介します。

国際青年エスペラント機構（TEJO）www.tejo.org

世界エスペラント協会の青年部。世界青年エスペラント大会（p.10参照）を毎年開催するほか、パスポルタ・セルボ（p.2参照）も運営するなど、その活動は実は大人のエスペランティストたちにも恩恵をもたらしている。

国民性なき全世界協会（SAT）www.satesperanto.org

進歩的労働者や市民によるナショナリズムを超えた世界連帯とアクションを目指す運動団体。

国際教育者エスペランティスト連盟（ILEI）www.ilei.info

約50か国に会員を擁するエスペラント教育の専門団体。学校教育へのエスペラントの導入や言語教育上の題目解決を目指して活動している。

ヨーロッパエスペラント連合（EEU）www.europo.eu

ヨーロッパにおける多言語主義の推進と言語間の平等のために活動している。EU域内の各国のエスペラントの団体で構成

趣味や専門を同じくするエスペランティストの組織やグループなどもたくさんあり、例えば次のような分野で国際的に活動しています。

無神論、バハイ教、サイクリング、視覚障がい者、仏教、環境保護、商業、少数民族問題、EU関連、キリスト教（カトリック、プロテスタント、クエーカーなど）、鉄道員、切手収集、哲学、フレネ教育、サッカー、碁、身体障がい者、イスラム教、法学、ジャーナリズム、ネコ愛好家、共産主義、建築家、労働者、スピリチュアリズム、医学、世界連邦、オートバイ、自然療法、音楽、ヌーディスト、古銭収集、非喫煙者、大本教、世界平和、アマチュア無線、比較宗教学、ロータリー、同性愛者、科学、労働組合活動、スカウト、飢餓撲滅活動、スポーツ、太極拳、菜食主義者、など。

教育とエスペラント

徳島県の2つの小学校の国際交流クラブで、子どもたちがエスペラントを学び、ロシア、韓国、フランスなどの子どもたちとスカイプを使って交流しています。

　海外の私立学校やフリースクールなどでは、エスペラントを正規の科目としている例があります。ポーランドのアダム・ミツキヴィッチ大学（ポズナン市）の大学院課程には異言語間コミュニケーション研究科があり、学生たちはここでエスペラントを学ぶだけでなく、世界中から招へいされる講師の多くもエスペラントで授業を行います。

　諸外国に比べてカリキュラム設定の自由度が限られているといわれる日本でも、神奈川県の2つの県立高校では、比較的最近までエスペラントを「学校設定科目」として、正規の授業で教えていた例があります。県立新羽（にっぱ）高校（2011年度まで13年間）と県立横浜翠嵐（すいらん）高校定時制（2003年度までの3年間）です。また、大阪府立池田北高校では「国際理解」の授業枠でエスペラントを教えていました（2013年度までの10年間）。

　今でも中学・高校の「総合的な学習の時間」に各地でエスペラントの「出前授業」が行われています。部活動でエスペラントを学ぶ機会のある学校も複数ある中で、岡山市の私立山陽女子中学校・高等学校のエスペラント同好会は歴史も古く、毎年の文化祭では展示部門でしばしば表彰されています。

　大学では、大阪大学外国語学部、神戸大学、神戸外国語大学、九州大学などで講座が開講されています。また、京都大学、北海道大学、東京工業大学、熊本大学など、学生たちが活発にサークル活動を行っているところもあり、他大学の学生たちとの交流も盛んです。

「スカイプはちょっと恥ずかしかったけど、自分が教えてもらってることばがちゃんと通じるとわかって、ちょっと感動しています」

エスペラントの予備教育的価値

　外国語の学習を始める前にある程度エスペラントを学んだ子どもたちの方が、いきなり外国語を学んだ子どもたちよりその後の外国語習熟度は高くなる傾向のあることが知られています。ヨーロッパや中国での実験で明らかになったこうしたエスペラントの「ジャンプボード」（踏み切り板）効果を考えると、もっと多くの子どもたちがエスペラントに触れる機会を持つことが日本でも望まれます。

エスペラントの創案者 ラザロ・ルドビコ・ザメンホフ（1859〜1917）

ザメンホフというと、豊かなヒゲを生やし、優しい眼でほほえむ老紳士というイメージがありますが、彼がエスペラントを発表したのは1887年、27歳のときです。当時彼は、ワルシャワ大学医学部を卒業して、眼科の若き開業医でした。

エスペラントは、青年ザメンホフが青春のすべてをささげてつくったことばでした。

彼がエスペラントのような人工語を作ろうとし始めたのは13歳のころです。そして、1878年、高校（ギムナジウム）最終学年のとき、彼はエスペラントの原案をつくりあげます。

「民族と民族が敵する心よ、消えよ、失せよ、時は来たのだ。
すべての人が家族のように心ひとつになる時が。」

これは生まれたての言葉で、さっそくザメンホフがつくった詩です。

その後ザメンホフは、この言語で、詩やエッセーを書いたり訳してみたりしながら、原案にさまざまな改良を加えていきます。

第1原案ができてから9年間、机上の空論ではなく、実際に使える言語であることを自分自身で確かめた末に、ザメンホフは1887年に「国際語」の最初の教科書を自費出版します。40ページの小冊子でした。

このときザメンホフは、著者として「エスペラント（希望する人）」というペンネームを使いました。彼が希望し、夢見たものは、何だったのでしょうか。

ザメンホフが生まれたのはロシア領ポーランド。ユダヤ人、ポーランド人、ロシア人、入植者のドイツ人などが混住する地で、彼自身はユダヤ人の語学教師の息子として、1859年に生まれました。

ことばが違い、宗教が違う民族どうし、反目といさかいが日常茶飯事でした。「もっとお互いの理解と寛容があれば」と願ううちに、異なる民族を結ぶやさしい共通語をザメンホフは夢見るようになったのです。

彼は、おのおのの民族の言語・宗教が最大限に尊重されなければならないと考えました。宗教について彼は、キリスト教の神も、ユダヤ教の神も、イスラム教の神も、実は1つの創造主であり、同じ絶対主に異なる仕方で祈りをささげているにすぎないと考えました。

そして、個々の人間は、いずれかの国家・民族に属するものだという常識の枠をこえて、まず人類の一員であるべきだ、と考えました。これがホマラニスモ（人は人類の一員であるという考え方、「人類人主義」）という、彼の思想の根本です。

エスペラントのために、ザメンホフは、旧約聖書の全訳、アンデルセン童話集、ゴーゴリの「検察官」などの名訳を残します。これらは今でもエスペラントの模範となっています。

ザメンホフは1917年にドイツ軍占領下のワルシャワで、心臓病で亡くなります。しかし、彼の「夢」は今日もまた世界のそこここで、輝くような出会いを創っているのです。

エスペラント歴史人物伝

1859年　エスペラント創案者ザメンホフ生まれる
1878年　ザメンホフ、エスペラントの前身の言語案の完成を友人らと祝う
1887年　エスペラント発表
1889年　初のエスペラント雑誌『ラ・エスペランティスト』、ドイツで創刊
1891年　動物学者・丘浅次郎、ドイツ留学中に日本人として初めてエスペラントを学ぶ
1905年　第1回世界エスペラント大会開催（フランス、ブローニュ・スュル・メール）
1906年　日本エスペラント協会設立。二葉亭四迷、日本初のエスペラント教科書『世界語』を出版。第1回日本エスペラント大会
1908年　世界エスペラント協会設立
1914年　第1次世界大戦勃発、第10回世界エスペラント大会（パリ）が急きょ取りやめ
1917年　ザメンホフ没（58歳）。ロシア革命
1918年　第1次世界大戦終結
1919年　日本エスペラント学会発足
1922年　国際連盟総会、「国際補助語としてのエスペラント」に関する報告を採択
1926年　日本エスペラント学会、財団法人化
1933年　ナチスが政権を握ったドイツで、労働者系エスペラント運動が禁止される。エスペラントは冬の時代へ
1936年　ナチス政権下のドイツ、エスペラントを全面禁止

二葉亭四迷（1864-1909）

日本初のエスペラント教科書は1906年出版の『世界語』。筆者はなんと、近代日本文学の父と称される二葉亭四迷です。彼自身はその後エスペラントから遠ざかりますが、この1冊により、のちに活躍する多くのエスペランティストを育てることになりました。

新村出（1876-1967）

『広辞苑』編者として著名な言語学者・新村出は、1908年、政府の指示で第4回世界エスペラント大会（ドレスデン）に日本代表として出席し、以後熱心なエスペランティストに。没後、『広辞苑』の改訂を引き継いだ次男・新村猛（1905-1992）もまたエスペランティストでした。

新渡戸稲造（1862-1933）

旧五千円札の肖像となっていた新渡戸稲造は、国際連盟事務局勤務時代、連盟に提出された「エスペラントを公立学校の課目に編入する」提案に関連する調査報告書を監修、第3回総会にて一部修正のうえ可決させる尽力をしました。その後も終生エスペラントを支持しました。

ワシリー・エロシェンコ（1890-1952）

幼時に失明しながらエスペラントを使って世界中を旅行し、大正デモクラシーの中の東京に住み着いたロシアの「盲目の詩人」。日・エス両語で寓意に満ちた童話作品を発表。多くの知識人、社会主義運動家たちとも交流し、彼らに深い影響を与えました。

参考:『日本エスペラント運動人名事典』
柴田巌・後藤斉編　峰芳隆監修
東京:ひつじ書房、2013年刊

宮沢賢治 (1896-1933)

詩人・童話作家の宮沢賢治は、エスペランティストであったフィンランドの初代駐日公使ラムステットにすすめられてエスペラントで詩作を試みたほか、「イーハトーヴォ」や「ホモイ」など、エスペラント風の地名や人名を作品に多く登場させています。

資料提供　林風舎

長谷川テル (1912-1947)

エスペラントを通して知り合った中国人留学生と結婚、日中戦争時に中国に渡り、抗日運動に参加。対日宣伝ラジオ放送に協力するほか、エスペラントによる論説活動にも精力的に取り組みました。中国では「緑川英子」の名で今も広く慕われています。

梅棹忠夫 (1920-2010)

国立民族学博物館初代館長で文化勲章も受章した梅棹忠夫は、学生時代からの筋金入りのエスペランティスト。「外国人と直接に自分ではなすことばはエスペラントにかぎっている」と言うほど。著書の『実践・世界言語紀行』(岩波新書)などにエスペラントとの関わりが詳しい。

井上ひさし (1934-2010)

1979年、作家稼業で多忙ななかエスペラントを学習、「エスペラント独習日録」を雑誌『エスペラントの世界』に連載。その後、「どうしてもやりたいのはエスペラントで小説と芝居を書くこと」と発言。夢はかなわなかったが、複数の作品の中でエスペラントを登場させています。

- 1937年　ソ連でもエスペラント禁止。スターリンによる大粛清で多くのエスペランティストが犠牲に
- 1939年　第2次世界大戦勃発。治安維持法違反を理由に国内の多くのエスペランティストが検挙される
- 1945年　第2次世界大戦終結後、エスペランティストの活動・国際交流もまた盛んに
- 1954年　ユネスコ総会、エスペラントに好意的な決議
- 1965年　アジア初の世界エスペラント大会、東京で開催
- 1974年　エスペラントによる国際ホームステイ制度「パスポルタ・セルボ」創設
- 1982年　東アジア青年エスペラントセミナーの前身、日韓青年エスペラントセミナー始まる
- 1985年　ユネスコ総会、「エスペラント発表百周年祝賀決議」採択
- 1987年　エスペラント発表百周年を祝う世界大会、ワルシャワで(参加5946人)。日本でも記念行事。
- 1989年　ベルリンの壁崩壊、東西冷戦が終結し、グローバル化が加速
- 1993年　国際ペン・クラブにエスペラント著作家グループが加盟
- 1994年　日本エスペラント学会、八ヶ岳エスペラント館開館
- 1996年　第1回アジアエスペラント大会(上海)
- 2007年　第94回世界エスペラント大会、横浜で
- 2012年　Google翻訳がエスペラントも対象言語に。財団法人日本エスペラント学会、一般財団法人日本エスペラント協会に改組・改称
- 2015年　無料語学学習アプリDuolingoがエスペラント講座を提供開始

速習エスペラント入門

エスペラントはどんなことばよりやさしく学べ、どんなことばにも劣らず豊かに表現ができます。なぜその2つが両立できるのか、秘密をのぞいてみましょう。

❶ 書いてあるとおりに読み、発音されるとおりに書く

a	[a]	a	ア
b	[b]	bo	ボ
c	[ts]	co	ツォ
ĉ	[tʃ]	ĉo	チョ
d	[d]	do	ド
e	[e]	e	エ
f	[f]	fo	ふォ
g	[g]	go	ゴ
ĝ	[dʒ]	ĝo	ヂョ
h	[h]	ho	ホ
ĥ	[x]	ĥo	ほ
i	[i]	i	イ
j	[j]	jo	ヨ
ĵ	[ʒ]	ĵo	ジョ
k	[k]	ko	コ
l	[l]	lo	ロ
m	[m]	mo	モ
n	[n]	no	ノ
o	[o]	o	オ
p	[p]	po	ポ
r	[r]	ro	ロ
s	[s]	so	ソ
ŝ	[ʃ]	ŝo	ショ
t	[t]	to	ト
u	[u]	u	ウ
ŭ	[w]	ŭo	ゥオ
v	[v]	vo	ヴォ
z	[z]	zo	ゾ

左に太字で示してあるのがエスペラントで使う文字です。
- [カッコ] の中は各文字が表す音の発音記号。
- a、bo、co、…とあるのは各文字の名前です。そのおおよその発音をカタカナと、便宜上一部はひらがなで示してあります。

文字と音とは1対1で完全に対応しています。そのおかげで、エスペラントは書いてあるとおりに読み、発音されるとおりに書くことができます。

❶ 母音は日本語と同じ5つ

母音は a、e、i、o、u の5つ。ローマ字を読む要領で「ア」「エ」「イ」「オ」「ウ」と発音します。のどの奥を広く保ち、深く、はっきり発音してください。

❷ 子音字の発音

多くの文字はその形も音も一般的なローマ字と同じです。少し注意を要するものについてだけ説明を加えます。

c と ĉ	cは「ピッツァ」「モッツァレラ」などの詰まった「ツ」の音を表します。ĉは英語ならchという2文字でつづる「チャ行」の音です。
g と ĝ	gは「ガ行」の音。ĝは上記のĉを濁らせた、いわゆる「チに点々」の「ヂャ行」の音を表します。
ĥ	冷たい手に「はーっ」と息を吹きかけるときの、のどの奥で鳴る「は行」の音です。あまり使いません。
j と ĵ	jは「ヤ行」の音を表します。うしろに母音がないときは、軽く小さな「ィ」のつもりで発音します。ĵは次に説明するŝを濁らせた「ジャ行」の音です。
ŝ	「シャ行」の音です。これを濁らせたのが上記のĵです。
u と ŭ	uが母音「ウ」であるのに対し、ŭはローマ字のwに相当します。母音のうしろにあるのが普通で、その母音に小さな「ゥ」を添えるつもりで発音します。

❸ うしろから2番目の母音がアクセントの定位置

かならず単語のうしろから数えて2番目の母音にアクセントがあります。その母音を強く、ていねいに発音してください。試しに、次の文の単語を1つひとつ発音してみましょう。

Esperanto estas internacia lingvo. エスペラントは国際語です。
エスペラント　エスタス　インテルナツィーア　リングヴォ

Ĝi estas facila, klara kaj riĉa. それはやさしく、明瞭で、また豊かです。
ヂ　エスタス　ファツィーら　クらーラ　カィ　リーチャ

練習 EKZERCO 1.　簡単な自己紹介の文を声に出して言ってみましょう。また、人からこんなふうに言われたら何と返せばいいか、考えてみてください。

Saluton! Mi estas <u>自分の名前</u>**. Kaj vi?**
サるートン　ミ　エスタス　　　　　　　　　　カィ　ヴィ

こんにちわ！　わたしは（自分の名前）です。あなたは？

単語および表現

- □ bel|a　美しい
- □ ～ est|as ...　～は…です
- □ facil|a　やさしい、簡単な
- □ inter|naci|a　国際的な
- □ kaj　そして　㉖ and
- □ lingv|o　言語
- □ riĉ|a　豊かな
- □ salut|o|n　字義どおりの意味は「あいさつを」

□ 人称代名詞

	1人称	2人称	3人称				
			男性	女性	無性	再帰	汎称
単数	mi わたし	vi あなた	li 彼	ŝi 彼女	ĝi それ	si 自分	oni 人
複数	ni わたしたち	vi あなたたち	ili 彼ら、彼女ら、それら			si 自分たち	oni 人々

□ 基本数詞

nulo	unu	du	tri	kvar	kvin	ses	sep	ok	naŭ	dek	cent	mil
0	1	2	3	4	5	6	7	8	9	10	100	1000

□ 便利なひとこと

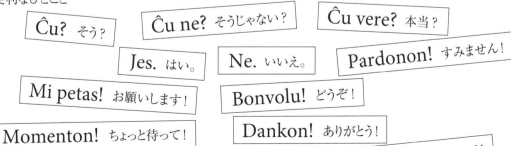

❷ 理解を助け、記憶も節約する語尾のはたらき

　エスペラントの単語の多くは、その品詞やはたらきに応じた一定の語尾を持っています。おかげで文の中の単語と単語の係り結びがはっきりし、意味の理解がやさしくなるだけでなく、語尾を相互に取り換えることによって、意味の関連する別の単語を記憶に頼らずいくつもつくれます。

❶ 名詞と形容詞の語尾

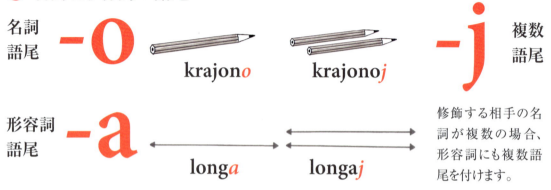

名詞語尾 **-o**　krajon*o*　　krajono*j*　**-j** 複数語尾

形容詞語尾 **-a**　　long*a*　　　long*aj*

修飾する相手の名詞が複数の場合、形容詞にも複数語尾を付けます。

longa krajono

longaj krajonoj

La* krajono estas longa.
この（1本の）鉛筆は長い。

La krajono*j* estas longa*j*.
これらの（複数の）鉛筆は長い。

　*laは定冠詞。英語の the に当たります。なお、エスペラントに不定冠詞（英語の a または an に当たる）はありません。

 **-n** 対格語尾

Li havas
longa*n* krajono*n*.

彼は持っています
（1本の）長い鉛筆を。

Ŝi havas
longaj*n* krajonoj*n*.

彼女は持っています
（複数の）長い鉛筆を。

「何を」や「だれを」に当たる名詞（目的語）とそれを修飾する形容詞の最後に付けます。

❷ 動詞の活用語尾

動詞語尾（不定形） **-i**

動詞はこの左の不定形語尾が付いた形で辞書に載っていますが、ほかに 次の5つの活用形語尾があります。時制や話法に応じた語尾を選んで使います。

-as 現在形　**-is** 過去形　**-os** 未来形
-us 仮定法　**-u** 命令法

Mi parolas.	わたしは話しています。
Li parolis.	彼は話しました。
Ŝi parolos.	彼女は話すでしょう。
Se ne, ili parolus.	でないと、彼らが話すかも。
Parolu !	話しなさい。

❸ 語尾を取り換え、別の単語をつくる

上に見てきた名詞、形容詞、動詞の語尾を相互に取り換えて、意味の上で関連する別の単語を簡単に、記憶に頼らずつくることができます。例えば動詞 paroli（話す、しゃべる）から、

parolo 話、おしゃべり　　**parola** 話の、口頭の

また、最後に紹介する残りもう１つの語尾を使って、次のような単語もつくれます。

副詞語尾 **-e**
parole 口頭で　　**krajone** 鉛筆で
longe 長く　　**internacie** 国際的に

語尾の取り換えは自由。ただし、その結果できる単語の意味が明確であることが条件です。

❹ 語尾を加えて単語をつくる

エスペラントの単語の中には、そもそも語尾を持たないものもあります。それら「語尾なし語」に語尾を付け加えて新しい単語をつくることもできます。例えば、人称代名詞のいわゆる活用は、エスペラントの場合、基本となる人称代名詞に適当な語尾を付け加えることで行います。

mi わたし
　➡ **mia** わたしの（所有形容詞）
　➡ **min** わたしを（目的格）

日本語の助詞とまるで同じですね。

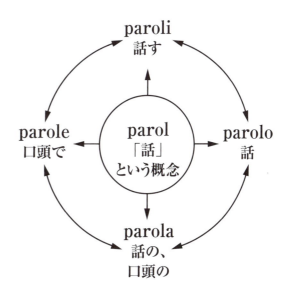

> 練習
> EKZERCO2.
>
> 空所に適当な語尾を入れて、日本語と同じ意味にしてください。。
> 1) Mi am___ vi_!   あなたを愛しています!
> 2) Am___ mi_!   わたしを愛して!
> 3) Kio est___ vi_ nom_? あなたのお名前は何ですか?

単語および表現

- □ am|i 愛する
- □ hav|i 持っている
- □ kio 何
- □ krajon|o 鉛筆
- □ la [定冠詞]この、その、あの、例の　㊥the
- □ long|a 長い
- □ nom|o 名前
- □ parol|i 話す、しゃべる
- □ se もし
- □ se ne もし、そうでないなら

❸ 学んだ単語をさらに何倍にも使えるしくみ

学んだ単語を何倍にも増やして使えるうれしいしくみがほかにもあります。

❶ 接頭辞

接頭辞と呼ばれる造語要素を単語の頭にくっつけて、新しい意味を加えた別の単語をつくることができます。代表的な接頭辞の意味やはたらきを具体例とともに紹介します。

ek-	継続的な行為・状態の始まり	ek|ir|i 出発する< ir|i 行く ek|star|i 立ち上がる< star|i 立っている
ge-	男女両性	ge|patr|o|j 両親< patr|o, patr|in|o 父、母 ge|amik|o|j 男女の友達< amik|o 友達
mal-	反義語をつくる	mal|long|a 短い< long|a 長い mal|am|i 憎む< am|i 愛する
mis-	誤り・失敗・不具合	mis|leg|i 読み間違う< leg|i 読む mis|kompren|o 誤解< kompren|o 理解
re-	復帰・反復	re|ven|i 帰って来る< ven|i 来る re|vid|o 再会< vid|o 見ること

longa krajono

mallonga krajono

❷ 接尾辞

　単語のしっぽの方、正確には単語の主要な意味を担う「語根」と語尾の間に挟み込むように添えて、やはり新しい意味の単語をつくります。接頭辞の3倍くらいの数がありますが、使い方をおぼえてしまうと、実質的な単語力が10数倍はふくらむことになります。

接尾辞	意味	例
-ul-	人・者	jun|ul|o 若者< jun|a 若い antaŭ|ul|o 先輩、先人< antaŭ …の前の
-an-	一員・メンバー	vilaĝ|an|o 村人< vilaĝ|o 村 ŝip|an|o 船員< ŝip|o 船
-ist-	信奉者・専門家	budh|ist|o 仏教徒< Budh|o 仏陀 pian|ist|o ピアニスト< pian|o ピアノ
-in-	女性・動物の雌	amik|in|o ガールフレンド< amik|o 友達 bov|in|o 雌牛< bov|o 牛
-ar-	集合体	hom|ar|o 人類< hom|o 人間 vort|ar|o 辞書< vort|o 単語
-aĵ-	具体物	nov|aĵ|o ニュース< nov|a 新しい manĝ|aĵ|o 食べ物< manĝ|i 食べる
-ej-	場所	lern|ej|o 学校< lern|i 学ぶ loĝ|ej|o 住まい< loĝ|i 住む
-il-	道具・装置・用紙	tranĉ|il|o ナイフ< tranĉ|i 切る inform|il|o 案内書< inform|i 知らせる
-ebl-	「…されうる」可能性	manĝ|ebl|a 食べられる< manĝ|i 食べる kompren|ebl|a 理解できる< kompren|i 理解する
-em-	「よく…する」「…を好む」習性・傾向	labor|em|a 勤勉な< labor|i 働く muzik|em|a 音楽好きの< muzik|o 音楽
-ind-	すべき価値のある	am|ind|a 愛らしい< am|i 愛する bedaŭr|ind|a 残念な< bedaŭr|i 残念がる
-ig-	他動詞をつくる；「…にする」「…させる」	sek|ig|i 乾かす< sek|a 乾いた star|ig|i 立ち上がらせる< star|i 立っている
-iĝ-	自動詞をつくる；「…になる」	sek|iĝ|i 乾く< sek|a 乾いた star|iĝ|i 立ち上がる< star|i 立っている
-eg-	形状・程度の大きさ	dom|eg|o 邸宅< dom|o 家 rid|eg|i 大笑いする< rid|i 笑う
-et-	形状・程度の小ささ	dom|et|o 小屋< dom|o 家 rid|et|i ほほえむ< rid|i 笑う

接頭辞と接尾辞の両方を使って単語をつくったり、それぞれ 2 個以上の接頭辞や接尾辞を重ねて単語をつくることも可能です。

jun|a 若い ➡ **ge|jun|ul|o|j** 男女の若者たち、**mal|jun|ul|o** 老人、
mal|jun|ul|in|o 老女、**ek|mal|jun|iĝ|i** 老い始める

❸ 造語法

語根と語根を組み合わせて新しい別の単語をつくることもできます。漢字の熟語とまるで同じ感覚です。

fer- 鉄　　　　+ **voj-** 道　　+ **-o** = **fervojo** 鉄道
telefon- 電話　+ **libr-** 本　+ **-o** = **telefonlibro** 電話帳
bon- よい　　　+ **gust-** 味　+ **-a** = **bongusta** おいしい

練習
Ekzerco 3.

次の単語はそれぞれどんな意味でしょう？ 接頭辞と接尾辞の表を見て考えてください。ただし、sanaは「健康な」という意味の形容詞です。

1) **mal|san|a**　　　　3) **mal|san|ul|ej|o**
2) **mal|san|ul|o**　　4) **re|san|iĝ|i**

---

❹ 応用 ― 文の読解にチャレンジ！

以上の説明でエスペラントがどれくらいわかるようになったかを確認するため、また、限られた紙幅では説明し切れなかったエスペラントの側面にも実際に触れていただくため、次の文章の読解にチャレンジしてみましょう。単語欄には出現順に単語を並べ、文脈に即した訳語を与えてあります。

Transnacia amikeco sur la bazo de lingva egaleco ne estas revo, sed jam realo inter esperantistoj. Ĉu ankaŭ vi volas aliĝi al la unika mondo de Esperanto?

> trans|naci|a 民族を超えた　amik|ec|o 友情　sur ～ ［前置詞］～の上の 英on　la ［定冠詞］英the　baz|o 基礎、土台　de ～ ［前置詞］～の 英of　lingv|a ことばの、言語的な　egal|ec|o 平等　ne est|as ～ ～ではない　rev|o 夢　sed しかし　jam すでに　real|o 現実　inter ～ ［前置詞］～の間で(は) 英among　esperant|ist|o|j エスペランティストたち　ĉu ～？ ～か？ 文頭に置いて、Jes(はい)またはNe(いいえ)の答えを求める疑問文をつくる　ankaŭ ～ ～もまた　vol|as ～ ～したいと思う　al|iĝ|i 参加する　al ～ ［前置詞］～へ 英to　unik|a ユニークな　mond|o 世界

いかがでしたか？ やさしく学べ、豊かに表現できるエスペラントの秘密、おわかりいただけましたか？
　　　　　　　　　　　　　　　　　　　　　　　　　　　　　　　　　　　　　Ĝis!

エスペラントの出版文化

雑誌

　世界的に流通している主なエスペラント雑誌の数はざっと40。ミニコミ誌や各国の国内機関誌まで含めると数えきれません。ここではそのほんの一部をご紹介します。なお，雑誌といっても，近年は紙媒体での発行と並んで電子書籍版やインターネット版も同時に発行されるものが多くなりつつあります。

ニュース・総合誌

▶Monato モナート

（月刊/28〜32p./フランドル・エスペラント連盟/ベルギー）
各国各地のエスペランティストがいわば現地特派員として記事を書くという理念を掲げる月刊誌。大手の国際通信社が配信する通り一遍のニュース情報とはひと味もふた味も違った記事が読める。世界を見る目が変わるかも。日本に関する記事もほぼ毎号載る。

▶Kontakto コンタクト

（隔月刊/24p./世界青年エスペラント機構/オランダ）
社会と文化を中心にさまざまなテーマを扱う興味深い記事がいっぱい。基本的な単語だけを使って書いたやさしい読み物も載せている。

文芸誌

▶Literatura Foiro リテラトゥーラ・フォイーロ

（隔月刊/56p./LF-koop/スイス）
文芸作品のほか，演劇，音楽，映画などの批評や，社会学，言語学，文化政策論などに関連する論文が載ることも。エスペラント作家たちで構成するエスペラント・ペンセンターの機関誌という側面も持つ。

▶Beletra Almanako ベレトラ・アルマナーコ

（年3回刊/120〜180p./Mondial/アメリカ合衆国）
エスペラント原作または翻訳もの小説，詩，評論，書評，インタビューなど，内容の充実した文芸雑誌。世界最高水準のエスペラントは今ここにある。

学習誌

▶Juna Amiko ユーナ・アミーコ

（年4回刊/40p./国際エスペランティスト教育者連盟/スロバキア）
子どもやエスペラントの初心者向けの学習雑誌。たくさんの挿絵やマンガなどもあって，やさしいエスペラントを楽しく読める。

機関誌

▶ Esperanto エスペラント

（月刊/24p./世界エスペラント協会/オランダ）
エスペラント運動に関する情報を網羅し、世界中のエスペランティストたちにとって共通のフォーラムとなっている。書評、評論などの文化面も充実。

▶ エスペラント/La Revuo Orienta ラ・レヴーオ・オリエンタ

（月刊/40p./日本エスペラント協会）
学習記事、日本国内外のエスペラント界のニュース、図書案内など、幅広い内容。日本語とエスペラント半々で書かれている。

▶ Esperanto en Azio エスペラント・エン・アズィーオ

（年4回刊/28p./ 世界エスペラント協会アジアエスペラント運動委員会/日本）
アジアのエスペラント界の情報を満載。

その他

▶ Sennaciulo センナツィウーロ

（隔月刊/28〜32p./国民性なき全世界協会/フランス）
パリに本部を置く進歩的労働者と市民が集うエスペラント団体発行の社会政治評論誌。文芸欄も。

文芸書

エスペラントは表現力豊かなことばです。創案者のザメンホフ自身、旧約聖書や古今の文学作品を翻訳したりみずから詩を書いたりしてエスペラントの表現力を磨きました。その後もエスペランティストたちは創作活動・翻訳活動をたゆまず続け、共通の第2言語による作品の創造と享受という、類例のないユニークな言語文化をはぐくんできました。
世界エスペラント協会は、エスペラント原作の詩や小説、戯曲、エッセイなどの部門別に、毎年コンクールを実施しています。また、エスペラント作家たちで組織するエスペラント・ペンセンターは、1993年以来、世界的な作家団体である国際ペンクラブの一員です。
エスペラントによる文芸の世界は、民族や国家を超えて、だれにも平等に開かれています。

エスペラント原作作品

詩、小説、SF、童話、紀行文、評論など、最初からエスペラントで書かれた作品が多数あります。
エスペラントから日本語に訳された作品や異色の作家を少し紹介すると…。

▶『クロアチア物語—中欧・ある家族の二十世紀』

スポメンカ・シュティメツ著　日本図書刊行会
北クロアチアの寒村で20世紀を生き抜いた筆者の祖母テーナの生涯。NHKでラジオドラマ化された。

▶『ジャングルの少年』

チボール・セケリ著　福音館
セケリは世界中を旅するジャーナリスト兼探検家。
アマゾンで立ち往生した船の乗客と密林の少年との交流を描く。

ノーベル文学賞候補になった詩人も

ウィリアム・オールド（2006年没）はスコットランドのエスペラント詩人。生前はノーベル文学賞候補にも複数回ノミネートされた。作品の一部は日本でも翻訳出版されている。

▶『ウィリアム・オールド詩集—エスペラントの民の詩人』
臼井裕之　ミッドナイト・プレス

アイスランドのエスペラント詩人 **バルドゥル・ラグナルソン** もまた、2007年度のノーベル文学賞候補として名前が挙がったことがある。

盲目のエスペラント作家 エロシェンコ
ロシア出身の詩人・童話作家。エスペラントで書いた童話が多数ある。日本の児童文学に大きな影響を与えた（16ページ参照）。

エスペラントで俳句

エスペラントの俳句は5音節・7音節・5音節の3行で書かれる定型短詩として定着しています。気軽なスケッチのような表現手段として愛好する人々が世界各国にいます。インターネットの電子掲示板やSNSを通じた交流が行われていて、短文投稿サイトのツイッターでは #hajko のハッシュタグで検索するといろんなエスペラント俳句が見つかります。　　　　　広高正昭（元高校理科教師）

翻訳作品

　いわゆる民族言語で書かれた文芸作品をエスペラントに翻訳するのは、多くはその民族言語を母語として、そのことばの細かなニュアンスまでも熟知する翻訳者です。翻訳の世界では、これは実は珍しいこと。また、翻訳大国ともいわれるこの日本にもまだ翻訳がない作品も、たまにエスペラントでなら読めてしまうことも。エスペラントは翻訳の世界もユニークでおもしろい！
　エスペラントに翻訳されている有名な作品の一部を紹介すると…。

外国作品

- 「ハムレット」「リア王」（シェイクスピア）
- 「罪と罰」「白夜」（ドストエフスキー）
- 「バスカヴィル家の犬」（コナン・ドイル）
- 「ジキル博士とハイド氏」（スティブンソン）
- 「嵐が丘」（エミリー・ブロンテ）
- 「アッシャー家の崩壊」（エドガー・アラン・ポー）
- 「星の王子さま」（サンテグジュペリ）
- 「ドン・キ・ホーテ」（セルバンテス）
- 「神曲」（ダンテ）
- 「ファウスト」（ゲーテ）
- 「ツァラトゥストラはかく語りき」（ニーチェ）
- 「種の起源」（ダーウィン）
- 「変身」（カフカ）
- 「ジャン・クリストフ」（ロマン・ロラン）
- 「アンネの日記」（アンネ・フランク）
- 「ブリキの太鼓」（ギュンター・グラス）
- 「果てしない物語」（ミヒャエル・エンデ）
- 「クオレ」（デ・アミーチス）
- 「アンデルセン童話」（アンデルセン）
- 「長靴下のピッピ」（リンドグレン）
- 「復活」「イワンの馬鹿」（トルストイ）
- 「百年の孤独」（ガルシア・マルケス）
- 「ニルスの不思議な旅」（ラーゲルレーヴ）
- 「クマのプーさん」（ミルン）
- 「オズの魔法使い」（ライマン・フランク・ボーム）
- 「ムーミン谷の仲間たち」（トーヴェ・ヤンソン）
- 「指輪物語」「ホビットの冒険」（トールキン）
- 「タンタンの冒険」（エルジュ）
- 「阿Q正伝」（魯迅）
- 「中国古詩精選」（李白、杜甫、王維など）
- 「紅楼夢」（曹雪芹）
- 「韓国短編小説撰集」（金東仁など）

日本の作品

- 「日本文学選集」
- 「アイヌ神謡集」
- 「万葉集」抄
- 「河童」「鼻」「杜子春」など（芥川龍之介）
- 「倫敦塔」（夏目漱石）
- 「一握の砂」「悲しき玩具」（石川啄木）
- 「楼蘭」（井上靖）
- 「雪国」「伊豆の踊子」（川端康成）
- 「夕鶴」（木下順二）
- 「高瀬舟」「山椒大夫」「阿部一族」（森鴎外）
- 「たけくらべ」（樋口一葉）
- 「ヴィヨンの妻」（太宰治）
- 「火垂るの墓」（野坂昭如）
- 「李陵」「山月記」（中島敦）
- 「ショートショート集」（星新一）
- 「蘭学事始」（杉田玄白）
- 「セロ弾きのゴーシュ」「銀河鉄道の夜」ほか（宮沢賢治）
- 「もの食う人びと」（辺見庸）
- 「はだしのゲン」（中沢啓二）
- 「火の鳥」（手塚治虫）
- 「好色五人女」（井原西鶴）
- 「沈黙」（遠藤周作）
- 「赤い繭」（安部公房）

専門分野の本

文芸以外の分野でも、エスペラントで書いたり訳されたりした本は数多く、ジャンルも多岐にわたります。科学、医学、健康、宗教、教育、コンピュータ、料理や趣味の本など。たとえば宗教・哲学分野では、『新約聖書』『旧約聖書』『仏教聖典』『論語』『コーラン』『パンセ』(パスカル)、『方法序説』(デカルト)など。日本国憲法も新旧の訳が複数あります。

エスペラント図書館

2013年、山口県下関市にエスペラント図書館が設立され、これまでに国内外の個人・団体から多くのエスペラント図書や資料の寄贈を受けています。文献の保管と利活用のみならず、本に関わる記憶の保管やエスペラントによる執筆を促す仕組みづくりも行っており、これらの活動を通じてエスペラント文化の向上に努めています。　新田隆充(エスペラント図書館代表)

歌・音楽

エスペラントには歌もあります、と聞いたら驚かれるでしょうか? いえいえ、その点でもエスペラントはほかのことばにひけを取りません。ポピュラー、ロック、ヒップホップ等々、エスペラントで歌うプロの歌手もいます。CDも多数。ネットでも聴くことができます。

▶ Vinilkosmo
www.vinilkosmo.com/
エスペラント音楽作品の出版社。ホームページでCDの試聴や購入もできる。

▶ Muzaiko
www.muzaiko.info
24時間いつでもエスペラントの歌やニュースやインタビューが聴けるインターネットラジオ放送。

ほかに、エスペラント訳された世界各地の歌の歌集なども多数あります。

ボーカロイドにエスペラントを歌わせる

いま、インターネット上では「初音ミク」などの歌声合成ソフト「ボーカロイド」で作った音楽映像作品がたくさん公開されており、特に若い人たちの間で人気です。「エスペラントでも」と、わたしも数年前から同様の作品を作っています。"Rokmsai GUMI"でネット検索してみてください。いろいろヒットすると思います。

Rokmsai

こんなアートな活動も

クリエイティブユニットKvina

Kvina(クビーナ)は、エスペラントで「5番目の」という意味を持つクリエイティブユニットで、メンバーは小林エリカ(作家・マンガ家)、田部井美奈(グラフィックデザイナー)、野川かさね(写真家)、前田ひさえ(イラストレーター)の4人。Libro de Kvina(リブロ・デ・クビーナ)としてLibro(=本)をモチーフに、日本語・英語・エスペラント語の3言語でパブリッシング、プロダクトデザイン、展示などを手がけています。

宮沢賢治も学んだエスペラントで「東北が好き」を意味する「Mi amas TOHOKU」プロジェクトを進行中。2011年東日本大震災後、東北の人たちとのコラボで観光ガイドブックや帆布グッズの製作などをしています。

Kvina に共鳴した宮城県塩釜市在住の高田彩さんは、塩釜市でBirdo Flugas(ビルド・フルーガス、「鳥が飛ぶ」の意)というアートギャラリーを主催し、芸術活動を通した被災地への支援を続けています。

学習法・教材

エスペラントをやってみたいけど、どうやって学ぼうか？
方法はいろいろあります。
あなたに合った方法を見つけて、さっそく始めてみましょう！

＜ インターネット教材で学ぶ ＞

● ウェブ版ドリル式エスペラント入門
kurso.amikoj.net
段階を追ってエスペラント文法の基礎を学べる。音声付き。

● ウェブ版エスペラントの鍵
vastalto.com/kagi/
文法の概要と初歩的な読み書きを学びたい人向け。文法編と辞書編からなる。

● Lernu!
ja.lernu.net
世界中で10万人以上が利用する多言語による学習サイト「学ぼう！」の日本語セクション。入門・初級・中級の3つのレベルに分かれている。

● ウェブ版Saluton! Esperanto Aŭtodidakte
www.kursosaluton.org
定評ある自習書のウェブ版。テキストはエスペラントのみだが、たくさんの挿絵が理解を助けてくれる。
音声付き。練習問題への解答の正誤もクリック1つで即座にわかる。

● ネットワーカーに贈るエスペラント語入門講座
www2.tokai.or.jp/esperanto/kurso/index.htm
地味なつくりだが、本格的に学習を始めたい人向けのていねいな解説付き。
各課に新出単語欄、練習問題とその正答例が付いている。

● 英語から入るエスペラント
plaza.harmonix.ne.jp/~sakat/
英語の知識を活用して効率よく学べる講座。クリック1つでいっそう詳しい解説ページへ案内される、奥行きのある構成。

● さくら教育放送 Radio Ĉerizo Eduka
esperas.info
ラジオ講座ふうの入門講座。会話中心。ページの左フレームにあるRadio Ĉerizoから講座ページをたどってください。動画版への案内もそのページに。

「さくら教育放送」の主宰者、やましたとしひろさんは、地元・鹿児島でエスペラント講習を指導するだけでなく、LINE、Skype、スマホアプリなどを駆使し、国境を越えて韓国の小学校のエスペラント授業を指導したこともある方です。

▶▶ 英語も同時に学びたい方には

● Duolingo
en.duolingo.com

人気の完全無料外国語学習アプリが提供する、ゲーム感覚で学べるエスペラント講座。ただし、解説は英語のみ。練習課題も英文エス訳、エス文英訳といった具合。2015年春の提供開始から半年間で20万人がこのアプリでエスペラントの学習を始めた。その後エスペラントのイベントに参加する若者が世界中で急増している。携帯端末版はオンラインストアから無料アプリをダウンロード。ブラウザ版では上の英語版ページからエスペラントを選択してください。

その他、次のようなオンラインサービスでもエスペラント講座が提供されています。

Transparent Language　www.transparent.com
uTalk　utalk.com/app
iTalki　www.italki.com/home

▶▶ オンライン辞書・事典など

● 実用エスペラント小辞典
vastalto.com/pejv/（PC版）
vastalto.com/pejv/i/（スマホ版）

● Glosbeエスペラント語日本語辞書
ja.glosbe.com/eo/ja/
世界中の利用者が参加して成長させていく多言語辞書Glosbeのエス日版

● Google翻訳
translate.google.com/#eo/ja/
90に上る言語と双方向の翻訳ができる。
単語だけ翻訳させれば辞書として利用も可。
精度向上中。

● エスペラント版ウィキペディア
eo.wikipedia.org/wiki/
ご存じのフリー百科事典のエスペラント版。
項目数は2015年末現在で22万を超え、
かなり充実している。

▶▶ 学習が進んだら…

● MUZAIKO ムザイーコ
www.muzaiko.info
エスペラントによる24時間ぶっ通しのインターネットラジオ放送。
内容は音楽、トーク、インタビュー、ニュースなど。

● Esperanto-TV エスペラント・テレビ
esperantotv.net
オーストラリアで運営されているインターネットテレビ。
オンデマンドで大量のコンテンツが視聴できる。

● Esperanta Retradio エスペラント・ネットラジオ
esperantaretradio.blogspot.co.at
1つのトピック限定で毎日更新。テキストも表示され、学習にも便利。

- # CRI Online Esperanto 中国国際放送オンライン・エスペラント
  esperanto.cri.cn/radio/cri.htm
  中国関連のニュースや文化的な話題のほか、世界中のエスペラント関連のトピックスも。

- # Pola Retradio en Esperanto
  ポーランド・ネットラジオ・エスペラント
  pola-retradio.org
  ニュース、科学や暮らしの話題など。過去の放送分はテキストが参照でき、学習に便利。

- # Radio Havano Kubo ラジオ・ハバナ・キューバ
  www.radiohc.cu/eo/
  キューバ政府が運営するエスペラントによる公共ネット放送。毎週更新。

- # 3ZZZ Radio en Esperanto 3ZZZラジオ
  melburno.org.au/3ZZZradio/
  歌や朗読などもあってバラエティーに富んだ内容。毎週更新。

YouTube（ユーチューブ）で"esperanto"を検索してみてください。たくさんの動画が観られます。

本で学ぶ
（価格は本体価格。また、今後変わることがあります）

- ### ニューエクスプレス・エスペラント語（CD付）
  （安達信明著／白水社／2008年刊／152p./2,800円）
  白水社の外国語入門シリーズ「ニューエクスプレス」の1冊。
  ユーモラスな会話で構成された全20課。
  文法説明や練習問題も豊富。多くの図書館でも閲覧可。

- ### 改訂版はじめてのエスペラント（CD付）
  （藤巻謙一著／日本エスペラント協会／2015年／407p./2,000円）
  知的快感に満ちた、まったく新しいタイプの自習書。単語には訳語が繰り返し挙げられているので辞書なしで学べる。練習問題も豊富。

- ### 4時間で覚える地球語エスペラント（CD付）
  （小林司・萩原洋子著／白水社／2006年改訂版／212p./2,800円）
  英語の知識を活用し、短時間で学ぶ本。インターネット活用法、メーリング・リストの紹介、パソコンで聞くエスペラント放送など、コラムも充実。

- ### まずはこれだけ エスペラント語（CD付き）
  （渡辺克義著／国際語学社／2009年／111p./1,500円）
  導入編・構文編で基礎はしっかり学べる。実用編は旅行で使えるテーマ別単語集・例文集。

- ### ドリル式エスペラント入門 その1・その2
  （新教材企画委員会編／日本エスペラント協会／2016年改訂版／その1・45p.、その2・49p./1,000円）
  エスペラント文法の基礎を学ぶための自習用プリント教材。各課に練習問題、単語リスト付き。29ページで紹介したウェブ版もある。さらに、本教材のPDFファイルならびに例文の音声ファイルは無料で公開されている。

ほかに、ロングセラーの『エスペラント四週間』（大学書林）、『新エスペラント講座』全3巻（日本エスペラント協会扱い）などもあります。

英語で学ぶ

● Esperanto Mini-Course
(英国エスペラント協会編/2009年/32p./300円)
手っ取り早く要点が押さえられる全10課。巻末にエス英基礎単語集付き。

いきなりエスペラントで

● Saluton! Esperanto Aŭtodidakte
(Audrey Childs-Mee著/世界エスペラント協会/1996年第6版/234p./1,650円)
直接教授法で長年エスペラントを教えてきた著者による、エスペラントでエスペラントを学ぶ本。多くの小問答からなる自習ノート風の構成。29ページで紹介したウェブ版と併用するのもいい。

辞書・辞典

● エスペラント日本語辞典
(エスペラント日本語辞典編集委員会/日本エスペラント学会/2006年/1352p./6,000円)
用例が充実した高度の学習辞典。類語・関連語コラムにも工夫を凝らし、日本語使用者にとって有用な情報を多く記載。見出し語総数4万3,814語。

● 日本語エスペラント辞典(第3版)
(宮本正男編/日本エスペラント学会/1998年/1101p./4,800円)
見出し語約5万5,600の最大の日本語エスペラント辞典。別売DVD版は1,000円。日本語単語をローマ字で入力すると、その掲載ページを瞬時に参照できる。

● エスペラント小辞典
(三宅史平編/大学書林/1965年/534p./3,800円)
名前は小辞典だが、普通の文章を読むのに必要な語彙を網羅する。見出し語2万5,000語余り。見出し語約5千500の簡単な日エスと文法のまとめも付いている。

● English-Esperanto-English Dictionary
(John. C. Wells編/アメリカMondial/2010年/459p./8,000円)
英語エスペラント両引き辞典。エスペラント見出し語1万150、英語見出し語2万2,000。

通信講座で学ぶ

● 初級エスペラント通信講座
全16課、各課平均20ページのわかりやすい教材とていねいな添削指導で基礎から学べます。沼津エスペラント会主催。日本エスペラント協会後援。受講料は全教材・添削料・送料等含めて10,000円(学生割引等あり)。中級講座(15,000円)もあります。
案内 www2.tokai.or.jp/esperanto/enkonduka.html
申込み・問合せ:410-0012 沼津市岡一色501、沼津エスペラント会。
電話/ファックス 055-922-3783、メール esperanto@thn.ne.jp

各地のエスペラント会で学ぶ

日本各地にエスペラント会(サークル、グループ)があります。定期的に学習会や入門講座を開いているところも。お住まいの近くにエスペラント会がないか、日本エスペラント協会にお問い合わせください。各地の講習会の予定などは日本エスペラント協会ホームページでも確認できます。

● エスペラントの試験
学習の進み具合を測るために、日本エスペラント協会が主催する1級~4級までの学力検定試験があります。また、ヨーロッパ言語共通参照枠(CEFR、エスペラントではKER)に準拠した習熟度評価試験が日本を含む世界各地で行われています。両方とも若い世代の受験者が増えています。